कुछ सच कई सपने

कुछ काव्य रचनाएँ

ZORBA BOOKS

Publishing Services by Zorba Books, November 2020
Website: www.zorbabooks.com
Email: info@zorbabooks.com

Cover design© Gokul
Copyright © Ashutosh Mundkur
ISBN Print Book - 978-93-90011-72-8
Ebook ISBN- 978-93-90011-73-5

The publisher under the guidance and direction of the author has published the contents in this book, and the publisher takes no responsibility for the contents, it's accuracy, completeness, any inconsistencies, or the statements made. The contents of the book do not reflect the opinion of the publisher or the editor. The publisher and editor shall not be liable for any errors, omissions, or the reliability of the contents of the book.

Any perceived slight against any person/s, place or organization is purely unintentional.

Zorba Books Pvt. Ltd. (opc)
Sushant Arcade,
Next to Courtyard Marriot,
Sushant Lok 1, Gurgaon – 122009, India

कुछ सच कई सपने

कुछ काव्य रचनाएँ

आशुतोष मुंडकुर - आशना

आभार

मैं आभारी हूं उन सभी लोगों का जिन्होंने अनेक कवि सम्मेलनों और मुशायरों में मेरी कविताओं और ग़ज़लों को सराहा और अधिक अच्छा लिखने को प्रोत्साहित किया।

मैं आभारी हूं नाट्य कला और साहित्य में निपुण आदरणीय सुरेश शर्मा जी का जिन्होंने मेरी रचनाओं को पढ़ कर अपने विचार दिए और foreword लिखा।

मैं आभारी हूं Zorba Books का जिन्होंने इस पुस्तक को प्रकाशित करने में मेरा मार्गदर्शन किया और इसे आपके सम्मुख रखने का अवसर दिया।

समर्पित

उन सभी कवियों, शायरों और ग़ज़ल गायकों को जिन्होंने मुझे इस ओर लुभाया,
उन दोस्तों और चाहने वालों को जो इस रचना के लिए प्रेरणा स्त्रोत बने।
मेरे परिवार को, जिन्होंने मुझे प्रोत्साहित किया।
मेरे माता-पिता को भी जो इस पुस्तक को देखकर प्रसन्न होते।

कवि का परिचय

आशुतोष मुंडकुर "आशना" अपनी कविताएँ, नज़्म और गज़लें कई वर्षों से लिखते आ रहे हैं ।

जेनेटिक इन्जीनियरिंग में डाक्टरेट हासिल करने के बाद,पिछले तीस वर्षों से ये स्वास्थ्य संबधित व्यवसाय से जुड़े हैं| वे अभी एक जापानी कंपनी में उच्च स्तर पर कार्यरत हैं ।

दक्षिण भारतीय होने के बावजूद इनकी रुचि हिन्दी और उर्दू भाषा में रही है| मूलतः ये मंगलुरु के हैं और इनकी मातृभाषा कोंकणी है। हिन्दी, उर्दू के अलावा ये कई अन्य भाषाएं बड़ी कुशलता से बोल लेते हैं।

आशुतोष की प्राथमिक एवं माध्यमिक शिक्षा उत्तर और मध्य भारत में वाराणसी, इंदौर और मेरठ में हुई है। शायद इसका असर इनकी रुचि में प्रतीत होता है ।

कविताओं के अलावा, इनकी रुचि खगोल शास्त्र, पाक कला, बागवानी तथा अन्य कई विषयों में है ।

आशुतोष, अपनी पत्नी तथा पुत्र और पुत्री के साथ दक्षिण भारत के एक प्रमुख शहर बेंगलुरु में निवास करते हैं ।

About the Poet

Ashutosh Mundkur, writes his Hindi and Urdu poems under the pen name "Aashna".

A medical device professional, Ashutosh is currently employed with a Japanese medical device company and heads India Business operations.

He hold a doctorate degree, in Genetic Engineering. He is recognized as one of India's leading expert in surgical sutures.

Besides Poetry, Astronomy, Cooking, Gardening, Reading, Travelling and Motorbikes are his hobbies.

Ashutosh is a Chitrapur Saraswat and speaks Konkani at home. He has a flair to learn new languages and is fluent in multiple Indian Languages

Ashutosh is currently based in Bengaluru with his scientist spouse, a son - a practising lawyer and a daughter pursuing her degree in communication studies

विषय-सूची

Acknowledgement

I am indebted to lot of people, without their support this book would not have been possible.

This is my first book and needed lot of encouragement from various people to embark upon this exercise.

My parents, who sadly will not be around to see this book, they always encouraged me.

My wife -Lakshmi, children – Mudit and Mrudula, Sister Aarti, who listened to my poems and gave me their constructive feedback. Feedback from children was important to understand how the millennial generation will react to this compilation

Numerous friends across the country and my cousins who encouraged me to go ahead and publish my poetry compilations. Numerous friends who have inspired me write some these poems.

Ms Suresh Sharma for carefully reading the manuscript and also agreeing to write the foreword despite her busy schedules with theatre and films.

Organizers of various poetry circles and groups, fellow poets and audience who listened to my compositions, encouraged me, mentored me.

All the great poets of the past and present , their poems kindled the poetic spirit in me .

To my publisher Zorba Books, Mr Binod Bharti, Ms Komal and her team, Mr Mohamed Amir who tirelessly worked to make this book come out well and in time

Ashutosh Mundkur
November 2020

Foreword

Any creative work needs passions, inspiration, and commitment. Poetry is one form that needs the combination of the right kind of emotions, coming together of words in a way that sounds very rhythmic and enticing.

I always knew Ashutosh as Dr Ashutosh but was pleasantly surprised when I got to know about his interests in poems.

Poetry always interested me, I participate in poetry congregations wherein I recite poems by well-known poets. It was a coincidence that during one of the casual chats with Ashutosh I got to know that not only he loves poetry but also composes them in Hindi and English.

One evening, he read out his poems to me and some of them moved me. The poem titled "Mata dey do yeh vardaan, Meel ke pathar, Saccha dost, Ek Kauey ki chah " are my favourites.

I could fathom the efforts he has taken in putting his thoughts together in this compilation. His passion, expressions of emotions, choice of words and the way he puts them is beautiful. Being a theatre and film personality myself, I am well aware of the pains and efforts needed to manifest these creative forms.

The flight of thoughts and imagination, the "tukk bandi" is very impressive. I started reading the manuscript and I could not put it down till I finished.

The emotions, the feeling that his poems express are no less than any of the well-known poets I have read. I congratulate Ashutosh "Aashna" for these lovely poems and I am sure this is just the beginning from a not so young yet an upcoming poet. I shall henceforth not address him as Dr Ashutosh but call him Aashna- his pen name.

I am sure readers across all generations will like this book and will be widely appreciated.

Ms Suresh Sharma

Theatre and film personality (actor)

Bengaluru

प्रस्तावना

किसी ने क्या खूब कहा है, 'ग़ज़ल में बंदिश-ए-अल्फ़ाज़ ही नहीं काफी, जिगर का ख़ून भी कुछ चाहिए असर के लिए।' जब छंद और तुक बंदी का दौरा पड़ता है तो और कुछ नहीं सूझता है। कोई पंक्ति अधूरी रही या सही तरह से न बने तो अजीब सी बेचैनी होती है। मुझे यकीन है हर कवि और शायर ने ये महसूस किया होगा।

ग़ज़लों और कविताओं का शौक तो मुझे बचपन से ही था, लेकिन कभी ये सोचा न था कि इनका संग्रह आपके सम्मुख प्रस्तुत करेंगे।

कई वर्षों से जनाब साहिर लुधियानवी, शकील बदायुनी, मीर, ज़फर, सुदर्शन फाकीर, ग़ालिब के बंदिशें सुनते और पढ़ते आ रहे हैं। वर्षों से जगजीत सिंह, मेहदी हसन, गुलाम अली, फरीदा खान्नुम, बेगम अक्खतर की आवाज में ग़ज़लें सुनते आ रहे हैं। इन्हीं की बदौलत मेरी रूचि इसमे बढ़ी और कुछ लिखने की हिम्मत मिली।

कुछ सच्च, कुछ सपने,' मेरी कविताओं, ग़ज़लों का संग्रह है जिसमें आपको मोहब्बत भरी कुछ रचनाएँ मिलेंगी और कुछ में जीवन से संबंधित सच्चाई का ज़िक्र है।

उम्मीद है कि आपको ये पसंद आएंगे। आपके विचार और टिप्पणियों को मैं सम्मान के साथ स्वीकार करूँगा।

आशुतोष मुंडकुर - आशना

Preface

The ancient poet Vallana had said, "What delights is when the soul of what one says, appears not in the words themselves but in the way the words are put together".

Often when we read or listen to a poem, we wonder, "I had these thoughts, but why did I not write these lines." Perhaps this differentiates the poet from the rest. Poets are those who can express the thoughts through clever manipulation of words that give rhyme or rhythm.

Writing poems to express emotions is both an exhilarating and stressful at times. The latter mainly because the flow of words that encompasses you and prevents you from focusing on any other activity.

I have often surprised my acquaintances when I spoke to them in Hindi only to reveal to them later that I am a South-Indian from Mangaluru. Languages always fascinated me and have been fortunate to be able to speak a few Indian languages.

I was fascinated by the Urdu language. Few emotions when expressed in Urdu seem extremely romantic, the same perhaps in any other language may not give the same intensity. Listening to the melodious and soulful gazals sung by Jagjit Singh, Mehdi Hassan, Gulam Ali, Farida Khannum, and Begum Akhtar to name a few, increased my interest in the language. Reading Urdu poetry by Sahir Ludhiyanvi, Shakeel Badayuni, Mir, Zafar, Sudarshan Fakir, and many others also enhanced my interest.

I was fortunate to attend a couple of poetry congregations in Hindi and Urdu where my compositions were appreciated, which boosted my confidence to pen poems.

I made an attempt to learn Urdu. However, I realized that to appreciate the nuances of the Perso-Arabic script that Urdu is written, requires ample of time which wasn't abundant while pursuing my studies and career.

Reading Urdu poetry books (Urdu in Devanagari script) helped me improve my Urdu vocabulary, besides an Urdu-Hindi dictionary that I bought decades ago from a shop in Nai Sadak, Delhi has been a good aid. I have been writing poetry since my young age, and I am glad I have compiled them all and able to present in this collection.

The title of the collection, "Kuch Sacch, Kai Sapne", which translates as" Some truth, many dreams," are a collection of romantic poems, and some that poetically express the facts of life.

I hope these poems would strike a chord with you and I am eager to hear your thoughts on it. I am also working on my collection of English Poems. I will be delighted to present them to you soon.

Ashutosh Mundkur - Aashna

डाक का डिब्बा

डाक का ड़ब्बा

कब से खड़ा हूँ मैं यहाँ, मुँह खोले हुए ,
एक-दो निवाले मिल जाएं, भूख मिटाने के लिए।
एक ज़माना ऐसा था, जब लोग मुँह में ,
खाना ठूस कर, जाते थे इतना कि,
कभी-कभी मुझे ,उल्टी भी आती थी,
आज एक निवाले के लिए, तरस रहा हूँ मैं।

वो मेरा निगहबान ,आया करता था ,
मेरा सिर थपथपा कर ,प्यार से ,
मैंने हिफाज़त से रखे, सारे मवादों को ,
अपनी थैली में भर कर, जतन से ले जाता था।

अच्छा इंसान था,
फिर कब आयेगा, यह भी बताकर जाता था ,
मै बड़ी बेसब्री से उसका इन्तेज़ार करता था ,
आजकल भी आता है।
बड़ा मायूस रहता है वो ,
थैली भी उसकी खाली रहती है ,
सिर पर हाथ तो रखता है पर,
वो प्यार नजर नहीं आता है अब।

LETTERS

भारतीय डाक
India Post

NEXT 3·30 CLEARANCE

NO CLEARANCE ON
SUNDAYS & HOLIDAYS

मेरे कई साथी भी थे ,
सुना है उनमे से कुछ, थक हार कर ,
टूट गए, बिखर गए, जंग ने उन्हें खा लिया ,
मिलते नहीं थे हम, पर उनकी याद आती है ,
आख़िरकार वो मेरे तो साथी थे |

रंग भी कभी मेरा भडकता लाल हुआ करता था ,
कडी धूप और बारिश में खड़े रह कर ,
मेरा रंग भी अब फीका पड़ चुका है ,
मेरी हिफाज़त अब कोई नहीं करता |

बड़े अच्छे दिन थे वो,
अब ज़माना बदल गया है ,
मेरा हरीफ़ मुझसे आगे निकल गया है ,
छोटा सा है वो, सब की जेब में समा जाता है |
बहुत चालाक और चतुर निकला रक़ीब,
सबको अपने वश में कर लिया उसने,
सुना है मैंने कि वो कुछ पलों में ही,
खबर इधर से उधर कर देता है |
अफ़सोस उसके पेट में बात रहती ही नहीं है ,
खैर,उसका दौर है, खुश रहे ,मुबारक हो ,
आज मैं अपनी उन पुरानी यादों के सहारे जी रहा हूँ ,
एक - दो निवाले के लिए तरस रहा हूँ ,
कब से खड़ा हूँ |

धीरे-
धीरे

धीरे-धीरे

धीरे-धीरे यूं फ़ासले बढ़ते गए ,
हम रहे वहीं के वहीं, और वो चलते गए।

किस्सा था वो या कोई हादसा याद नहीं,
हम सुनते रहे वो सुनाते गए।

पांसा फेका हमने तो , उनके दामन में जा गिरा ,
हम बाज़ी हारते रहे , वो दामन चुराते रहे।

कई हैं, जो तुमको कहते हैं अपना 'आशना',
दोस्त ही तो हैं सब तुम्हारे, तुम किस को ढूँढने गए।

दिल मेरा

दिल मेरा

दिल मेरा फूल सा खिल जाए,
जब उनके होठों से निकले नाम मेरा,
मन करता है चूम लूं उनको,
जिनके होठों से निकले नाम मेरा।

खुश्क हवाएँ लायें उनकी ख़ुशबु-ए-बदन,
जेहन में भर कर महक उठे रोम - रोम मेरा,
न संभले हैं अब मुझसे ये दूरियाँ समझो,
आबाद होगा उनके आने से अब बज्म मेरा।

इतना नहीं तड़पे हैं कभी किसी के लिए,
उठ रहे जज्बातों के सैलाब,टूट रहा सब्र का बांध मेरा,
तुम पर आयेगी न आंच,यकीन दे रहा है 'आशना',
हुए बदनाम तो क्या हुआ,कुछ तो हुआ नाम मेरा।

दूध का जला

दूध का जला

जिनका हाथ थामा था हमने,
उसका सिला मैं देख रहा हूँ ,
जिनके घाव सहलाये थे हमने ,
उनके दिए ज़ख्म मैं गिन रहा हूँ।

आसरा दिया था उनको,
जिनको छाँव नसीब न थी,
तोड़ गए वो आशियाना मेरा ,
नीड को फिर संवार रहा हूँ।

पाँव धंस रहे थे रेत में ,
गला सूख कर फटा जा रहा था,
प्यास उनकी बुझाई हमने ,
खुद को प्यासा पा रहा हूँ।

एहसान फरामोश दोस्त हों जिनके ,
दुश्मनों की क्या है जरूरत ,
दूध से जुबां अब जल चुकी है ,
छाँछ को फूँक-फूँक कर पी रहा हूँ।

एक
शेर

एक शेर

वो जला रहे हैं तेज़ आँधियों में चिराग़,
किसी ने कह दिया था, उनके हिम्मत के बहुत चर्चे हैं।

एक कौवे की चाह

एक कौवे की चाह

मुझको भी है मोर बनाना, या बनूँ मैं हंस,
मुझ पर भी सब गर्व करें, शोभित हो मेरा वंश।
मेघा छाए, मैं भी झूमूं, पंख फैलाए नाचूँ
सुरीली मेरी वाणी हो, मल्हार मैं भी गाऊं।
मुझ पर भी कविता बने, लिखे जाए गीत,
साहित्य मे उल्लेख हो, दर्शाऊँ नृत्य संगीत।
सुंदरियों की मुझसे तुलना हो, बनूँ प्रेम अलंकार,
मेरे सुडौल चाल पर रहे न्यौछावर ये संसार।
देवताओं के वाहनों में भक्त भी करें मेरा नमन,
स्थापित रहूँ मै मंदिरों में, अर्पित हों चमन।
केवल शोक श्राद्ध के अवसर पर न हो मेरी चाह,
वन-उपवन भ्रमण करे जो, वो सब तके मेरी राह।
कंकड पत्थर फेंक कर न हो मेरा अपमान,
मेरा भी आदर करें, मेरा भी हो सम्मान।

एक और शेर

एक और शेर

आए जब वो महफ़िल में,
सब की नज़र यों उठ गई,
झुकाई जैसे ही उन्होंने पलकें,
तो महफ़िल ही उठ गई।

फासले

फासले

फासले बहुत दिखे जब दिलों की पैमाइश की गई ,
प्यार नहीं फरेब था जिसकी नुमाइश की गई |

बातों से जी नहीं भरता, कहते थे मुझसे वो कभी ,
मुलाक़ातों से मुहँ मोड़ने की फिर क्यूं कोशिश की गई |

चौबारे के सभी दरवाज़े खुला रखना मंज़ूर था ,
अब अचानक क्यूं भला दीवार की गुज़ारिश की गई |

प्यार न था वो कह देते,क्यूं झूठा एहसास दिया ,
ख्याली पुलाव पकवा कर, चखने की ख्वाईश की गई |

साथ मेरा कब्र तक होगा ऐसा वादा किया था कभी ,
उठने वाला था जनाज़ा, न दफनाने की फरमाइश की गई |

जब से कोई ख्यालों में

जब से कोई ख्यालों में

जब से कोई ख्यालों में आने लगे हैं,
हम जुदाई के ज़ख़्मों को सहलाने लगे हैं।

यह हुआ क्या आपकी महफिल में अचानक,
कल तक जो शामिल थे आज उठ के जाने लगे हैं।

अब तक जो गैरों में अपनों को ढूंढते रहे,
आज अपनों में गैरों को ढूंढने लगे हैं।

कोई आज इन लहरों को साहिल दिखा दे,
ये आज मेरे पैरों से टकराने लगे हैं।

जब
तुम

जब तुम

जब तुम यूँ ही मुस्कराती होगी,
कहीं तो बिजली कौंधती होगी |
कहीं तो तारा टूटता होगा,
ज़मीन पर दरारें पड़ती होंगी,
आग-बबूला सूरज होता होगा |

जब तुम यूँ ही नज़रें झुकाती होगी,
कहीं तो कली मुरझाती होगी,
कहीं तो आईना चटकता होगा ,
काजल आँख पर न चढ़ती होगी,
महफ़िल में रंग उतरता होगा |

जब तुम यूँ ही कमर बलखाती होगी,
कहीं तो हंसनी बहकती होगी ,
कही तो कोयल सुर भूला होगा,
प्याले यूँही छलके होंगे,
'आशना' कुछ लफ्ज़ भूला होगा |

जादुई चादर

जादुई चादर

ख्वाब के कुछ धागे तुम्हारे ,
और कुछ ख्वाब हों साथ हमारे ,
बुन लेते हैं साथ मिलकर ,
एक जादुई सुनहरी चादर |

उड़ चलें चलो आसमान में,
बनकर हम तुम अलादीन ,
धरती गगन सब सैर कर लें ,
न छूटे इक पल छिन्न |

छू लेंगे ऊँचे बादलों को ,
पकड़ लाएं टूटा तारा ,
छान कर सूर्य की किरणों को,
बनाए इन्द्रधनुष उजियारा |

बनायेंगे मुलायम हम एक तकिया ,
भर कर रुई से हल्के बादल,
नीला अम्बर ओढ़ लें हम,
बनाकर मखमली आँचल |

तुम पहना गले में अपने ,
चमकते तारों का हार ,
टिम-टिमाकर रातों में जो ,
चमकाए सारा संसार |

मैं पहनाऊं तुम्हें अंगूठी,
जिसमें जड़ा हो चाँद,
प्रति तुम्हारे प्रमाणित करूँ मैं
ये सरल प्रेम उन्माद |

हृदय मे रखे यह तिजोरी,
लगाकर प्रेम का ताला |
मुस्कान तुम्हारी चाबी होगी,
कहे ये कवि मतवाला |

जन्नत बनाना चाहता हूँ

जन्नत बनाना चाहता हूँ

इस ज़मीन पर जन्नत बनाना चाहता हूँ,
हाँ मैं बन्दे को ख़ुदा बनाना चाहता हूँ।

कौडियों की कीमत लगती है इंसान पर,
इंसानियत को अनमोल बनाना चाहता हूँ।

सच भी अपनी परछाई देखता है शक से,
झूठ से पर्दा हटाना चाहता हूँ।

दुनियादारी निभाने से बनते हैं रिश्ते,
रिश्तों पर वफ़ा-ए-रंग चढ़ाना चाहता हूँ।

नापाक आदतों के बने हैं सब मुलाजिम,
इस मोम को लोहा बनाना चाहता हूँ।

मोहब्बत से बदल सकता है इस जहाँ का रवैया,
हर ज़ालिम को 'आशना' बनाना चाहता हूँ।

कहाँ से
लाऊं

कहाँ से लाऊं

वो मोहब्बत वो मिजाज़ कहाँ से लाऊं ,
अंजाम हो चुका है, आगाज कहाँ से लाऊं।

कारवाँ चल रहा था बेख़ौफ़ आँधियों में भी ,
बुझ गए सब चिराग़, रोशनी कहाँ से लाऊं।

सितम इस कदर बढ़ रहे हैं मुझ पर ,
दर्द में चेहरे पर मुस्कान कहाँ से लाऊं।

सूख गए हैं खिजां में फूल शाखों पर ,
बरसे है सावन पर वो खुशबू कहाँ से लाऊं।

'आशना' है, तो आशनाई निभाएगा तुमसे ,
पर वो मोहब्बत वो मिज़ाज कहाँ से लाऊं।

कलम
सियाही

कलम सियाही

न फरिशता, न खुदाई, न अय्यारी है,
इंसान हैं, करम करते हैं, जो मिले दुहाई है।

न दौलत की तमन्ना, न शोहरत की ख्वाहिश,
सिर आँखों पर रख लेते हैं, जो मिलता है दुहाई है।

चेहरे पर न जाओ, मेरी फ़ितरत को पहचानो,
समंदर से भी शर्मा जाए, दिल की इतनी गहराई है।

तक़दीर पर न करो भरोसा, न लकीरों पर करो ऐतबार,
मुक़द्दर बदल जाए, गर हाथों में कलम सियाही है।

खुद के हकीम

खुद के हकीम

याद है तुम्हारा अक़्स लेकर रोया करते थे हम ,
बिन तेरे न वजूद हमारा सोचा करते थे हम |

जज़्बातों के समंदर में डूबने की चाह थी ,
हकीकत के बढ़े हाथों को न थामा करते थे हम |

वक़्त हर ज़ख्म को भर देता है कहते थे अज़ीज़ ,
तूने जो दिए ज़ख्म, उन्हें दोबारा खोल रहे थे हम |

अब यह एहसास है कि हम ही हैं हमारे हकीम ,
बेवजह दूसरों से मरहम की उम्मीद कर रहे थे हम |

कुछ ख्वाब में,
कुछ ख्वाहिशों में

कुछ ख्वाब में, कुछ ख्वाहिशों में

कट रही थी ऐसे ही, कुछ ख्वाब में, कुछ ख्वाहिशों में ,
ख्वाब कभी रंगीन, कभी ख्वाहिशें हसीन।

बना लिए थे आशियाने हमने हौसलों के पेड़ पर ,
पंख से मुलायम रेशम से महीन।

झोंका मोहब्बत का हल्का सा जो चला ,
बदल गई वादियाँ, हुआ शुरू सिलसिला।

आशियां आबाद हुआ, घटी दिलों की दूरी ,
ख्वाब हकीकत हुए, ख्वाहिशें हुई पूरी।

न रुके कभी ये दौर, चलती रहे हवायें,
न लगे किसी की नजर, मिले ख़ुदा की दुआएं।

मुश्किल हालातों के बावजूद हुआ ये कामिल,
मुस्सबत जज्बात से हुआ है तुमको सब हासिल।

क्यूँ जाना है मंदिर-मस्जिद

क्यूँ जाना है मंदिर-मस्जिद

क्यूँ जाना है मंदिर-मस्जिद, ख़ुदा-भगवान हर इंसान में ,
क्यूं भटके दर-दर ढूढ़ने, गलती बस पहचान में |

न माँगी है दौलत उसने, न दरख्वास्ते-सदाफा की है ,
पुरज़ोर इबादत काफी है,बसा लो उसे ईमान में |

क्यूं ढूँढ रहे हो भटक- भटक कर जो तुम्हारे अंदर है ,
लौ तिलिस्मी जल रही है, झांको अपने गिरेबान में |

एक वो ही है जो चला रहा है दुनिया अपनी मर्जी से ,
गुरूर, अना, सब ऐब हैं सारे, जो दिखे इंसान में |

मयकदा

मयकदा

हम जो पहुँचे मयकदे में, तो खुदा क्यूँ याद आया,
हमसे क्या गुस्ताखी हुई है, बेवजह क्यूँ याद आया।

हम भी बैठ सकते थे वहाँ पर, जहाँ खुदा को याद करते,
क्या फर्क़ पड़ता है अब, जब मयकदों में वो याद आया।

यहाँ सब बंदे हैं ख़ुदा के, मयकदा भी है खुदा का,
सब के अपने ढंग हैं यारों, जैसे भी वो याद आया।

जितने भी हो नकाब पहने, मयकदे मे उतर हैं जाते,
फ़ितरत सबकी नजर आ जाए, पहले या कोई बाद आया।

कोई नहीं दुश्मन किसी का, मयकदे में सब ' आशना' हैं,
रंजिशें सब छोड़ आए, अब तक न कुछ फ़रियाद आया।

माता दे दो
ये वरदान

माता दे दो ये वरदान

स्वाधीनता दिवस के अवसर पर माता दे दो ये वरदान,
दूर हो जाए भ्रष्टाचार, दूर हो जाए ये अज्ञान |
दूर हो जाए अज्ञान, नज़र आये सब पाखंडी ,
देश बने ख़ुशहाल, जन्में बोस,भगत और गाँधी |

१९४७ में हमने था, अंग्रेजों को लौटाया ,
उतरा फिरंगी झंडा था , ध्वजा तिरंगा लहराया,
ध्वजा तिरंगा लहराया, देखे थे सोनम सपने,
कितने इनमे साकार हुए,कितने टूटे सपने |

बढ़ रही है आबादी, तुझ पर बढ़ रहा है भार,
प्रदूषित भूमि ,वायु ,जल और प्रकृति दिखती लाचार |
प्रकृति दिखती लाचार,क्रुदित कर देगी जग वीरान,
महा प्रलय से रक्षा करना,ढूढेंगे समाधान |

शिक्षित युवक बेरोजगार है, अशिक्षित निर्बल,
नारी मुक्ति ढूढ़ रही है, करे प्रयत्न निष्फल,
करे प्रयत्न निष्फल,ढूंढें सब अपनी पहचान ,
दूर करो ये दुविधा माता,देश बने बलवान |

सीमाओं पर चौकस सेना,दूर भगाये दुश्मन ,
जान न्यौछावर कर दे,रखे तुझको पावन |
रखे तुझको पावन, अमर हो जाता वीर जवान ,
अनगिनत सपूत हैं तेरे माता,रखे कायम तेरी शान |

मति भ्रष्ट न हो नेताओं की ,करें वो राष्ट्र उत्थान ,
पहचानों भौतिक मूल्यों को,जो करें मार्ग सही प्रदान |
करें मार्ग सही प्रदान,करेंगे हम भी यही जतन,
सवा सौ करोड़ की आबादी में,होंगे थोड़े तो रतन |

मील के
पत्थर

मील के पत्थर

मुश्किल राहों में, सफर आसान कर लो,
मील के पत्थरों से, दोस्ती कर लो।

चीखते छालों को, ज्यादा लाड न करना,
बस मीठी-मीठी बातों से,दुलार कर लो।

पैर के तलवों को, कर लेना कठोर,
नंगे पाँव चलने की, आदत कर लो।

उस अधेड़ राही को ,कभी अनदेखा न करना,
उसके तजुर्बो से, अपने नक़्शो-राह भर लो।

बन जाओ रोशन-ए-मीनार, तुम मंज़िल पर पहुँच कर,
भटके मुसाफिरों को, किनारा कर लो।

मेरे महबूब
तुम्हारी उँगलियाँ

मेरे महबूब तुम्हारी उँगलियाँ

मेरे महबूब तुम्हारी उँगलियाँ

करना सिर्फ ,पाक कामों में इस्तेमाल |

लगाना ....

माथे पर बिंदी ,

आंखों में काजल ,

सखी को मेहंदी ,

सजाना....

दुल्हन की सेज ,

दावत की मेज़

देना....

पौधे को पानी,

बच्चे को खाना ,

पंछी को दाना ,

ठंडे चूल्हे को आग ,

पोंछना ....

रोते बच्ची के आंसू,

संवारना....

गरीब बच्ची के उलझे गेसु,

बंधना ...

भाई को राखी,

घायल को मरहम ,

निकालना....

उंगली में चुभा काँटा,

छेढना....

वीणा के तार ,

भरना....

तस्वीर में रंग

उठाना....

गीत लिखने को कलम ,

डालना....

नानी की सुई में धागा,

मेरे महबूब तुम्हारी उँगलियाँ....

मोम के पुतले

मोम के पुतले

ये दुनिया अजायबघर है, हम सब मोम के पुतले,
सर्द गर्म मौसम में, अपने रंग और चेहरे बदले |

पिघलना है हर किसी को, ये है सब की किस्मत,
किसी की आज आए बारी, कोई है कल पिघले |

ये ना सोच तू होगा क्या, इस पिघले मोम का,
उसके हाथों तकलिके चेहरे, नए बनकर हैं निकले |

मौजूदगी है इस जहाँ में, बिता ले नेकी से जिंदगी,
खबर नहीं आगे की तुमको, ना ही कोई पिछले |

मोहब्बत

मोहब्बत

ये मोहब्बत हर उम्र का, तकाजा होती है ,
न रंग की, न मज़हब की, मोहताज होती है |

अगर दिल किसी पर आ जाए ,तो नजर कमज़ोर हो जाए ,
हर कोई माशूक दिखता है, हर मौसम बहार होती है |

दूरियाँ कसक सी देतीं हैं, खामोशी रूह टटोलती है ,
जज्बातो के सैलाब आयें और,मोहब्बत में इजाफ़ा होता है |

मोहब्बत एक इबादत है, मोहब्बत में रूहानियत है ,
एक तोहफा है मोहब्बत ये,ख़ुदा का पैग़ाम होता है |

परदेस

परदेस

परदेस से लौट के आया हूँ,
उस देस को फिर ना जाउँगा,
तुम सज के घर से निकलो तो,
तुम्हें दिल की बात सुनाऊंगा।

उस शहर में भी तितलियाँ उड़ती थी,
उस शहर में भी गुच्छे खिलते थे,
तेरी चुनरी सी रंगीन नहीं,
हर रंग कुछ फीके लगते थे।

बाजार में भीड़ भी रहती थी,
हर आँगन मेला लगता था,
तेरे कूंचे की वो रौनक नहीं,
हर चेहरा मायूस लगता था।

हर रोज़ नमाज़ी मिलते थे,
हर सांझ को शंख भी बजता था,
मेरे दिल के पाक बुतखाने में,
मैं तुझको पूजा करता था।

प्यार के नन्हें कदम

प्यार के नन्हें कदम

किसी और की बातें न सुनना ,
दिल की बात नकार के ,
प्यार के नन्हें कदम ,
हौले-हौले सम्भाल के |

दिल की हिदायतें सच्ची समझो ,
ये जज़्बातों की गठरी है ,
तर्क - वितर्क ये दिमागी मंसूबे ,
रखे हमेशा उलझा के |

नींद ना आना, बेचैनी,
आगाजे-इश्क की निशानियाँ ,
सह लो इनको, इश्के असर ये
नुस्खे न ढूंढो ईलाज के |

तैर चुके हैं जो इश्के समंदर ,
उनके किस्से सुन लो तुम,
मकतबे इश्क के दरस ये सारे ,
रख लो इनको सम्भाल के |

मैं
आज

मैं आज

मैं आज उसी मुकाम पर पहुँच गया हूँ ,
जहाँ कभी तुम्हारी जुस्तजू मुझे खींच लाती थी |

वो टहनी जिस पर तुमने मेरा नाम कुरेदा था ,
वो आज गुलों से भरी एक शाख बन गयी है ,
वो जगह जहाँ तुमने मेरा नाम कुरेदा था ,
वहाँ पर एक अदखिला गुच्छा मुझी गया है |

वो दरख्त, जिसके साये में बैठकर ,
हम ख्वाबों के महल बनाया करते थे ,
अब वहाँ दीमकों ने अपना एवां बना रखा है ,
चलो कुछ तो आबाद हुआ उसके साये में |

वो शाख जिस पर एक चिड़िया,
चहका करती थी ,
वहाँ एक बाज बैठा है, अपनी चोंच में तडपता,
शिकार लेकर |

वो सर्द मौजें - सबा जो कभी बहती थी ,
शबाब लेकर, खुशबु लेकर|
बहती है आज भी, दिल में सुलगती आग लेकर ,
सब कुछ वैसा ही है,
पर फिर भी कुछ बदला सा |

सच्चा दोस्त

सच्चा दोस्त

एक तू ही तो हकीकतों से वाकिफ़ कराता है ,
कितने सफेद बाल, कितनी झुर्रियां दिखाता है |

कहने को कई दोस्त हैं मगर ,
बेवजह तारीफ़ करता है,कोई नीचा दिखाता है |

तेरे चेहरे की धूल हटाना है आसान ,
इंतज़ार है वक़्त, कब उनके नकाब हटाता है |

तू मुझे देख कर क्यूँ मुस्कराता है, है मालूम,
मेरी ख़ासियत, मेरी खामियां तू पहचानता है |

जुबां नहीं पर सब बयान कर देते हो तुम ,
बड़ी अदब से पेश आते हो, अच्छा लगता है |

वो दीवार तुम्हारे नाम वसीयत में कर दी है हमने ,
एक सच्चे दोस्त के लिए इतना तो फर्ज बनता है |

तसल्ली नहीं
होती है

तसल्ली नहीं होती है

तसल्ली नहीं होती है, गुलशने-चमने दीदार से ,
चेहरे से हटा लो पर्दा, गुज़ारिश है अमन और प्यार से |

क्यूँ हमारे दिल को परखने की इल्तिजा रखते हो,
तराशा है जिसे हमने, आस और चाह के औजार से |

चाहत ही तो की है, और हुई है हमसे क्या ख़ता ,
मिलने का अंदाज तुम्हारा ,जैसे गुनाहगार से |

झुकी पलकें, दबे होठ,और हल्की सी मुस्कान ,
चश्मदीद उस लम्हे के हम, बड़े बेकरार से |

तुम ही , हो मंज़िल हमारे , इकलौते मोहब्बत की,
'आशना' को सुकून मिले तुम्हारे एक इकरार से |

पर्ची

पर्ची

सिरहाने पर रखकर तेरे नाम की पर्ची,
खो जाते हैं तेरे ख्वाबों में ,
नाम लिखा था पन्नों पर ,
महक निकली किताबो में |

खुद को मै खुशकिस्मत समझूँ ,
तुमसा जो माशूक मिला ,
ढूंढते रह जाते कई यहाँ ,
चाहत के नसीबों में |

मोहब्बत के इस इम्तिहान में,
मिल जाते हैं सबक़ कई ,
सवाल गर आसान भी हो तो,
सब खो जाते हैं जवाबों में |

कह दो तुम मुझसे पहले ही ,
क्या मेरी मोहब्बत कबूल है ,
मर जाऊँगा मैं यक़ीनन ही ,
गर नाम मेरा रकीबों में |

तेरे
शहर में

तेरे शहर में

तेरे शहर में मुझको रहना अच्छा नहीं लगता ,
शक की निगाहें, बेचैन आहें अच्छा नहीं लगता |

तंग इतने हौसले हैं कि घुट के निकले दम ,
मर जाएं दम घुटने से ये, अच्छा नहीं लगता |

उनके दिल कि बात न समझी हैं , न समझेंगे,
कोई आकर समझाये ये अच्छा नहीं लगता |

रहते नहीं बेगुनाह जहाँ पर क्या यही वो शहर है ,
ऐसे शहर में फिर तेरा रहना अच्छा नहीं लगता |

सब की जुबान पर एक ही बात है तेरे शहर में,
भोला तो दिखता है 'आशना' पर सच्चा नहीं लगता |

तेरी
आँखों में

तेरी आँखों में

तेरी आँखों में हमने क्या देखा,
मेरी जिंदगी, मेरे अरमान, मेरा आसमाँ देखा।

गुज़रते हैं लम्हे इतनी रफ़्तार से,
सुबह हुई, दिन चढ़ा और शाम देखा

रह नहीं सकते इक पल भी तुमसे जुदा हम,
जब से देखी चाहत, तेरा प्यार देखा।

बहलाने दिल को गए थे हम उस गुलशन में,
हर कली, हर चमन देखा तेरा नाम देखा।

ख़त

ख़त

उनको लिखे खत में मुझे, इक सलाम लिखा होता,
और कुछ नहीं तो पीर का पैगाम लिखा होता।

न बताना था दुनिया को कि आप लिखते हैं मुझको,
चलता गर मेरे खत पर किसी और का नाम लिखा होता।

जान भी जाते वो अगर कि आप लिखते हैं मुझको,
नाम मेरा लेते, नया एक और इल्ज़ाम होता।

बात बढ़ती तो आप बेगुनाह साबित होते,
बनता मैं ज़ालिम थोड़ा और बदनाम होता।

शिकवा नहीं यह ग़ज़ल है, आप क्यूँ सहम गए
वाह-वाह होती गर, ये सुनाया दीवाने आम होता।

ये आग
दिल की

ये आग दिल की

ये आग दिल ना बुझा सका, कई जाम पी कर देखा ,
कभी अश्क मिला कर देखा, कभी खून मिलाकर देखा।

कैसे बेकरार दिल को करार मिले, तुम न आए तो,
कभी सुबह होने से पहले तुमने शाम ढलते देखा।

मेरे अश्क पीकर तो देखो मिले खुमार इसमे ज़्यादा,
साक़ी बता क्या तूने आंखों से कभी मय बरसते देखा ?

अब आईना सामने रख कर सोचता हूँ कौन है ये,
इस अजीब शै को मैंने कई रंग बदलते देखा।

ये अजीब सी घुटन

ये अजीब सी घुटन

ये अजीब सी घुटन, ये सहमा सा शहर,
ये अनदेखा खौफ़ ये असीम सा क़हर।

नकाब पर नया नकाब, अब और क्या छुपाना रह गया,
न शिकन दिखे न मुस्कान, न बातों का असर।

जुबां और लफ्ज़ बेजोर हैं, हाथ और गले न मिल सकें,
किस शै से इतने तंग हैं सब, किस बात का है डर।

मस्जिदों में कम नमाज़ी, न मंदिरों में पूजा-पाठ है,
मुझसे अहम है कौन, ये किस हस्ती का है असर।

ये बेतुकी सी बातें

ये बेतुकी सी बातें

ये बेतुकी -बेतुकी सी बातें, कैसी दीवानगी है,
ये इश्क का असर है, क्या खूब ज़िंदगी है।

ये चाल बहकी बहकी, होशो-हवास गुम हैं,
ये नतीजा है आशिकी का, न समझो आवारगी है।

आंखों से उड़ी नींद,उस आहट की तलबगार है,
दीदार को उनके तरसे, कैसी ये तिशनगी है।

न खाने का कोई शौक,न कुछ पीने की आरज़ू
लाए आशिकी देखो ज़ीस्त में कैसी सादगी है।

ज़िंदगी के अंदाज़

ज़िंदगी के अंदाज़

कैसे-कैसे अंदाज हमें ज़िंदगी के दिखे हैं,
कुछ नुकीले, नमकीन, मीठे, कुछ तीखे हैं,

परखती है हमारे सब्र और हौसलों को,
कुछ माने हार, कोई इनसे सीखे हैं

हर एक कि अपनी कहानी, या कोई सबब
जिंदगी से झूझने के सबके अपने तरीके हैं।

दो लफ्ज़ उनके सुनने, दो लफ़्ज़ उनको कहने से
गर सुकून उन्हें मिल जाए, ये यकीनन अच्छे सलीके हैं।

www.ingramcontent.com/pod-product-compliance
Lightning Source LLC
Chambersburg PA
CBHW051444140726
47987CB00006B/2528